沂水纪王崮春秋墓
出土文物集萃

山东省文物考古研究所
临沂市文化广电新闻出版局 编著
沂水县文化广电新闻出版局

文物出版社

图书在版编目（CIP）数据

沂水纪王崮春秋墓出土文物集萃 / 山东省文物考古
研究所，临沂市文化广电新闻出版局，沂水县文化广电新
闻出版局编著. —— 北京 ：文物出版社，2016.8
　ISBN 978-7-5010-4711-6

　Ⅰ．①沂… Ⅱ．①山… ②临… ③沂… Ⅲ．①春秋墓
－墓葬(考古)－出土文物－沂水县－图录 Ⅳ．①K878.82

中国版本图书馆CIP数据核字(2016)第194274号

沂水纪王崮春秋墓出土文物集萃

编　　著：山 东 省 文 物 考 古 研 究 所
　　　　　临沂市文化广电新闻出版局
　　　　　沂水县文化广电新闻出版局

装帧设计：李　红
责任编辑：杨新改
责任印制：张道奇

出版发行：文物出版社
社　　址：北京市东直门内北小街2号楼
网　　址：http://www.wenwu.com
邮　　箱：web@wenwu.com
经　　销：新华书店
制版印刷：北京图文天地制版印刷有限公司
开　　本：889mm×1194mm　1/16
印　　张：12.5
版　　次：2016年8月第1版
印　　次：2016年8月第1次印刷
书　　号：ISBN 978-7-5010-4711-6
定　　价：260.00元

本书编辑委员会

目 录

■ 沂水纪王崮春秋墓
位于独特的崮顶之上，
规模宏大，形制结构奇特，
出土文物精美、组合特殊，
内涵丰富，文化因素复杂，
墓主人身份煊赫，
引起学术界的广泛关注。

序 言

　　任何一项重要的考古发现都具有必然性和偶然性，说有其必然性是因为客观存在，被发现是早晚的事；说有其偶然性是因一些重要考古发现并非源自我们主动进行考古调查所得，又往往是在建设工程施工过程中偶然发现的。沂水纪王崮大型春秋墓葬就是这种必然性与偶然性结合的结果，发现了迄今山东地区规模最大的春秋墓葬，出土了一批精美的铜器、玉器等文物，取得了重要成果。发掘成果分别入选全国六大考古新发现和年度全国十大考古新发现之一。

　　2012年元月，沂水县一个名"纪王崮"的大山顶上，"天上王城"旅游景区正在施工建设娱乐项目，挖掘机无意中挖出了几件铜器，个别的还有铭文。经派人去现场考察后，当时疑为是一个祭祀坑，因其位于号称"沂蒙七十二崮之首"的纪王崮顶部，自然联想到是否与祭祀山神有关，并未想到是一座大型墓葬。因时值严冬，已经开始下雪，准备春节之后再进行清理。

　　实际上，早在2003年，因山顶上为解决当地用水问题而修建蓄水池时就曾挖出过马骨，但当时并未引起注意。

　　发掘工作自2012年2月开始，通过详细的调查、勘探，确认为一座大型墓葬，2003年挖出的马骨确认为属于墓葬车马坑的组成部分，工程施工发现铜器位置乃是墓葬北器物箱的一角。虽然工程施工对墓葬造成了一些破坏，但侥幸的是墓葬的主体部分包括墓室、器物箱和殉人坑保存都基本完好，车马坑仍残存四辆车，其中两辆车保存完整。发掘工作得到了各级文物主管部门和新闻媒体的密切关注，景区有关领导、省市县各级领导对发掘工作给予了大力支持，特别是县政协副主席杨少涛同志对整个发掘工作积极协调，山东大学任相宏教授长期驻扎工地给予发掘工作业务上的指导，省考古研究所、临沂市文物局、沂水县文化广电新闻出版局和博物馆业务人员联合组成考古队，保证了发掘工作的顺利完成。

　　在发掘的同时，对整个山顶部及周边地区进行了系统的考古调查并进行了测绘工作，发现文物点二十余处，时代跨越东周、汉代、清末民初三个时期，山顶周边并有石砌城墙残迹，调查中还发现了另一座未完工的大型墓葬。而该山之所以被称为"纪王崮"和"天上王城"，历史上曾有许多传说，其中最主要的就是历史上纪国被齐国打败之后，纪国国君逃难在此所建。目前山顶上仍有"西兵营"、"万寿山"、"擂鼓台"等颇能引发人们想象力的名称。景区依照这个传说，每天表演齐纪大战的场景，吸引了大量的观众。

　　2013 年，对调查发现的二号墓又进行了发掘，证实这是一座未完工的大型墓葬，这种现象十分罕见，为"纪王崮"的传说又增加了新的谜团。

　　纪王崮一号墓全长达 40 余米，是目前山东地区发掘规模最大的春秋墓葬，墓葬所处地理位置特殊，又缺乏文献记载和确切证明墓葬国别及墓主身份的资料，因此，自墓葬发掘以来，有关墓葬性质的讨论尚未达成一致意见。

　　国家文物局和省政府高度关注"纪王崮"的发掘和文物保护工作，分别拨付专款对出土的铜器等重要文物进行保护、修复，经过两年多的努力，已初步完成了出土文物的保护、修复和发掘现场的保护工作，考古资料的全面报告编写还需要一个过程，先期编辑出版这个图录，就是要将这批重要的新资料尽快面世，以便于更多的学者了解和研究。

2016 年 8 月

沂水纪王崮春秋墓概述

在山东沂蒙地区，随处可见一些造型奇特的方形山峰，地貌学上称为"方山"，当地则习称为"崮"。这些崮的特点是顶部平展开阔，其周围峭壁如削，峭壁下到山底，坡度由陡至缓。纪王崮即为其中之一（图一），位于沂水县城西北约 40 千米处，隶属泉庄镇（图二），处于群山群崮的环抱之中（图三）。现整个崮顶被开发为旅游景区，名"天上王城"。该崮顶部面积约 0.45 平方千米，是沂蒙七十二崮中唯一有人曾常年居住过的崮，因此被誉为"沂蒙七十二崮之首"。纪王崮山顶自南向北分布三个岩丘，分别称为"擂鼓台"、"万寿山"和"妃子墓"。其中，最大的为"万寿山"，即纪王崮最高点，海拔577.2 米。墓葬则即位于"擂鼓台"北部，包括一号墓（M1）、二号墓（M2）及附属的一号车马坑（K1）。

图一　纪王崮外景

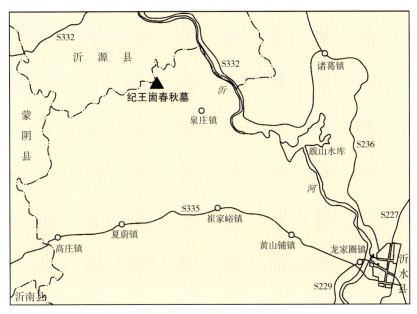

图二　纪王崮春秋墓位置示意图

　　2003年，为解决当地用水问题修建蓄水池时，据传曾在车马坑处发现过马骨。2012年元月初，天上王城景区管理委员会在崮顶修建水上娱乐项目时，发现部分青铜器及残片。临沂市及沂水县文物部门闻讯后，立即赶往现场，责令停止施工，对受损文物遗迹进行

图三　纪王崮周围山崮

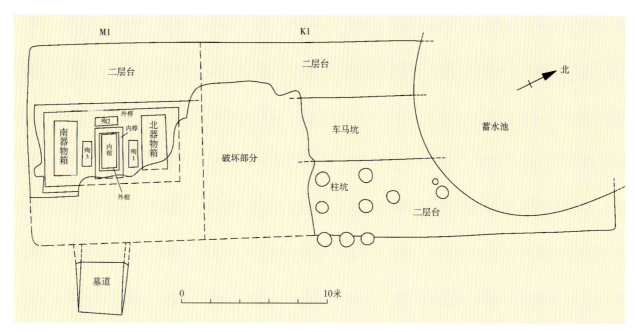

图四　一号墓（M1）与一号车马坑（K1）平面

图五　一号墓与一号车马坑

覆土保护、收缴出土文物，并及时上报山东省文物局。省文物局组织人员赶赴现场考察，确定为一座古墓葬，需进行抢救性发掘，随即上报国家文物局。经批准，2～7月，由山东省文物考古研究所联合临沂市文物考古队、沂水县博物馆对该墓（编为一号墓）及附属的一号车马坑进行了抢救性发掘，取得了重要成果[1]。在一号墓发掘过程中，在其南部约30米又发现一个新的岩坑坑穴，坑壁清晰，规模宏大，判断其为另一座墓葬，遂编为二号墓。同时，按照上级文物部门的指示，首先对整个纪王崮进行调查，调查工作于 2012 年 9 月进行。在调查的基础上，经国家文物局批复，于 2013 年 9 ~ 10 月，对二号墓进行了发掘。

一号墓形制较特殊，墓室与车马坑共凿建于一个长方形斜壁内收的岩坑之中。南部为墓室，北部为车马坑，岩坑南北长约 40、东西宽 13 米（图四、五）。墓葬为带一条窄小墓道的岩坑竖穴木椁墓，除北部和东部遭到破坏外，大部分保存完整。该墓开口于现代垫土层下，向下打破页岩直至石灰岩，未发现封土迹象。墓口距地表 0.35 ~ 0.9 米，墓深 2.2 米。墓向116°。墓室口部整体呈长方形，墓壁斜内收。东西宽 13 米，由于被破坏，南北长度不详。现存二层台距墓口 0.7 米，西部二层台上部宽 3.4、下部宽 3.5、残高 1 ~ 1.5 米。东侧二层台只残存东南角。二层台内由外椁、内椁、外棺、内棺、南北两个器物箱及三个殉人坑组成。外椁室位于墓室中部，其东、北部为施工破坏。口部呈长方形，南北长 9.24、东西宽 5、存高 1.45 ~ 1.5米。内椁位于外椁中部，呈长方形，长 3.26、宽 1.94、残高 0.7 米。棺室为重棺，位于内椁中部，平面均呈长方形。外棺东西长 2.5、南北宽 1.35、残高 0.7 米。内棺东西长 2.25、南北宽 1 ~ 1.04、

图六 一号墓棺内遗物

图七　一号墓"腰坑"内殉狗

残高 0.7 米，在棺底部铺有一层厚约 0.06 米的朱砂。棺内未见墓主人的骨骼，只在头部发现有已腐朽的灰白色粉末，可能是墓主的骨骼残迹。从朽痕、头饰和项饰看，墓主头向东，但葬式及面向不清。棺内主要存放玉器，分布于墓主人的周围，亦即朱砂之间。器形有琮、戈、虎形佩、人、觿、璜、环、玦、牌饰等，另有玛瑙珠、绿松石饰及釉砂珠等（图六）。由于下层岩石难凿，内椁下有象征性的"腰坑"，此坑没有明确的边界。坑内殉狗一只（图七），头向西北。殉人坑三个，编为殉 1 ~ 3 号。1 号殉坑位于内椁室北侧，一棺，棺长 1.82、宽 0.65、残高 0.3 米。内有人骨一具，头向东、面向上。仰身，上肢屈放在胸部，两手分置左右两侧，下肢膝盖处交叉，右下胫骨、腓骨向右错位。经鉴定，为 25 岁左右成人。无随葬品。2 号殉坑位于内椁室西侧，棺长 1.6、宽 0.55、高 0.4 米。内有人骨一具，头向南，面向下。侧身屈肢，腹部以上呈俯身状，上肢上屈，放在胸部，下肢蜷曲。经鉴定为 7 ~ 8 岁未成年儿童。无随葬品。3 号殉坑位于内椁室南侧。棺长 1.73、宽 0.6、高 0.3 米。内有人骨一具，头向东，面向上。仰身直肢，上肢弯曲，交叉于胸部，右手压于左上肢之上。右下肢胫骨、腓骨、脚骨向右错位。经鉴定，为 35 岁左

图八　一号墓 3 号殉坑

图九 一号墓南器物箱遗物

图一〇 一号墓北器物箱遗物

右女性。在殉人的左下肢处，随葬一件铜钾（图八）。器物箱两个，分别位于外椁南部和北部。南器物箱东西长 3.6、南北宽 1.7、高 0.7 米。箱内主要放置青铜礼器、陶器、漆器等。铜器有鼎、鬲、铺、浴缶、匕各 7 件、敦 3 件、小鼎 5 件。陶器有罐 7 件。在器物箱的西部，则放置漆器，皆已腐朽，仅存朽痕，器形难辨（图九）。北器物箱东部被破坏，东西残长 3.46、宽 1.6、高 0.7 米。箱内放置青铜礼器、乐器、兵器及骨器等。铜器有甬钟及钮钟各一套 9 件、镈 1 套 4 件，錞于及剑 2 件，铜 3 件，戈 5 件，凿 3 件，铙、甗、罍、贯耳壶、瓠壶、小罐、盘、匜各 1 件，镞若干等。镞多成束分布。施工扰乱了存放位置的有鼎、盂、剑、盘等。其中，鼎、盂及贯耳壶有铭文。此箱还放置石编磬一套 10 件，瑟、玉牌各 1 件及角器等（图一〇）。墓道东向，位于主墓室东部，呈东高西低的斜坡状，

图一一　一号车马坑

正对椁室，东西残长 4、南北宽 3.6 米。

车马坑位于岩坑北部，其南、北两端皆遭破坏。现残长 7.5、上口宽 4.1 ~ 4.4、底宽 3.6、深 1.1 ~ 1.2 米。坑内共清理出 7 匹马，其中 1 号马仅存头骨，其他马骨保存较为完整。清理出 4 辆车，由南至北编号为 1 ~ 4 号。其中 2、3 号车保存较完整，1、4 号车已残（图一一）。从现存迹象看，四辆车皆为独𫐉车，每辆车由两匹马驾驭。这些车车头均向西，沿着南北方向一字排开，不但整体排列较整齐，车与车的间隔也较均匀，并且相邻两辆车的车轮共用一个轮槽以节省空间。每辆车由衡、𫐐、舆、轮、轴及其饰件等组成，车舆皆为长方形。7 匹马皆头向西，呈侧卧状，前腿多弯曲，后腿伸展，其中 1 匹马面向北、1 匹马面向南，相背车辕而葬。每匹马马头部位一般有马饰、马镳等，马颈部位一般套一圈铜串珠、车衡部位有车轭等。车马坑内遗物主要为车马器和兵器。车马器多为轊、衔、镳、节约、环、扣、串珠等，兵器有戈、矛、𫓶、镞等。在 2

号车舆内出土有鼎、鬲、敦三件青铜礼器，这种现象非常少见（图一二）。在车马坑的东西两侧皆有二层台。西部二层台距墓口 0.5 米，上部宽 3.4、下部宽 3.5、残高 1.1 ~ 1.2 米。车马坑东侧还有一利用页岩形成的"生土"二层台，残长 20.5、宽 5.2、高 0.8 ~ 1.1 米。台顶面不平整，凸起的平面间形成多处凹槽。现存平面上又有成排成列 10 个柱坑，9 大 1 小。在这些柱坑中，皆发现柱洞，这可能与当时的建筑有一定关系（图一三）。

二号墓为一未完工的岩坑竖穴墓，开口于现代垫土层下，向下打破页岩层。墓口东西长约 25.2 米，宽度未明。平面结构上可分东、西两部分，均为东西向坑状遗迹。根据一号墓的形制，西部应是墓室，东部则应为车马坑。西部平面略呈梯形，西端较窄，东端较宽。坑壁斜收，壁面参差不齐。坑底西端呈不规则阶梯状，其余部分较平。坑长 14.9、宽 4.4 ~ 6.6 米。其南壁上部除西端外均向南凿出类似二层台的结构，边缘不齐。东部则已经凿出明显的南北两个二层台面。整体平面不规整，东西长 10.3 米，宽度未详。北二层台宽 6.68 米，其东部被破坏严重。此台由西北向东南呈阶梯状倾斜，阶壁参差不齐。台南壁利用自然岩石裂缝开凿，壁面较直。北二层台东部在岩层上有凿出

图一二　二号车舆内遗物

图一三　一号车马坑东
侧二层台柱坑

的柱坑 5 个，分布有一定规律，坑平面形状为圆形或椭圆形，直径 0.26 ~ 0.6、深 0.38 ~ 0.54 米。柱坑打破岩层较深，推测与一号车马坑的柱坑相同，当时可能存在与墓葬相关的建筑。南二层台已凿出部分基本呈长方形，口部长 6.4、底部长 5.7、台宽 1.8 ~ 2.2 米，台面较平整。整个东部遗迹中间部分壁面和底面均较平整，东、西两处坑状遗迹的填土均出土春秋时期陶片、兽骨和海螺等遗物。由墓葬中处处留有施工中的杂乱痕迹等迹象推测，二号墓是一座正在开凿中的大型春秋墓葬。

纪王崮一号、二号墓及车马坑规模宏大，结构奇特，选址在海拔如此高的崮顶国内极少发现。出土的器物精美，文化内涵丰富，被评为 2012 年度"中国六大考古新发现"，2013 年度"全国十大考古新发现"。

从一号墓出土器物看，该墓立耳鼎鼎耳皆外撇，南器物箱的列鼎已变为附耳，鼎盖多为平盖、一部分带矩形钮；簋肩扁或口沿变窄，或足尖变钝，有的甚至出现颈部；敦出现环钮耳；铺腹部较浅，盖已经隆起；附耳盘腹部已变浅，圈足较矮，耳外侈；出现双半环耳衔环素面铜盘。以上这些铜器多属春秋中期之器，有些还有春秋晚期的特征，年代或已进入春秋中晚期之交。从器物纹饰来看，虽然还有一定数量的窃曲纹，但是蟠螭纹大规模出现，并有大量素面器，也正好与这一时期铜器的纹饰特征相吻合。

发掘同时，我们对纪王崮崮顶及西部内凹部分做了调查，通过调查基本明确了纪王崮崮顶古代遗迹的布局和文物点的分布情况，并初步了解了地层堆积状况及遗址性质。这次调查发现文物点二三十处，判断崮上主要有三个时期的遗存，即东周、汉代、清末民初。其中东周时期遗存主要分布在"西兵营遗址"、"崮韵长廊"以南、"擂鼓台"及"王城遗址"。非常遗憾的是，朝阳门东西两侧的城墙，纪王崮东侧古城墙、拦马墙、点将台墙体没有找到断代的确切线索，暂时存疑。

关于纪王崮的文献记载较贫乏，只在县志中有零星片断记载。另外，"纪王崮"还曾有"姬王崮"的名字。所以，纪王崮的性质一直是悬而未决的谜团。从墓葬及车马坑结构、所出器物群来看，墓葬规格较高，应是诸侯或诸侯夫人之墓。但一号墓墓主的骨骼已腐朽，性别、年龄无法断定，墓主是谁？崮上遗迹属于什么国别？围绕这些问题，学者们结合墓中出土的铜器铭文进行了深入讨论[2]。有的学者根据一号墓出土两篇铜器铭文和《沂水县志》的记载，结合墓葬规格及出土铜器等情况，认为一号墓可能是纪国国君或是国君夫人之墓；同时提出此地出土江国铜器应属媵器，江国和纪国可能存在婚姻关系。即此，一号墓主人当是来自于江国的纪侯夫人仲子。有的先生则根据华孟子鼎铭文，认为此铭文中的"寿"字使用"克"字的写法，符合山东列国古文字的特征。华孟子应是属于山东的国族。华故城可能在今费县东北六十里。纪王崮一号春秋大墓出土华孟子鼎，证明大墓的墓主应是华孟子之婿，仲子的丈夫中叚氏。并认为大量考古发现证实，秦代以前周王朝和各诸侯国的王室、公室墓地，一般都埋在都城之内或都城附近。纪王崮发现了国君等级的大墓，又发现了古代城墙，再次证明了这一规律，同时证明纪王崮应是中叚氏的都城。可以预见纪王崮城墙范围内还会有宫殿、民居、各种手工业作坊等大量的遗址。而另外一些学者则从墓葬结构、殉人、"腰坑"、殉狗、墓道位置、有器物箱（库）设置等考古学文化的特征入手，认为沂水纪王崮春秋墓与沂水刘家店子这一区域的墓葬有许多共同点。刘家店子墓又有"莒公"的铜器铭文，所以认为崮上春秋墓属莒国。现在，围绕墓葬性质问题进行的争论还在继续，真相究竟如何？需要以后继续工作来揭秘。同时，还有几个值得一提的问题。第一，纪王崮崮顶及周边城墙的年代是否属春秋时期并没有直接证据，崮上遗迹多被破坏，是否存在宫殿、手工业作坊遗址等，现在无法确定。第二，文献记载，除正常埋藏外，又存在特殊情况，如《左传·哀公二年》载"若其有罪，绞缢以戮，桐棺三寸，不设属辟，素车朴马，无入于兆，下卿之罚也"。第三，通过一号墓出土青铜器的整理和修复，发现有一批青铜器的铭文有被人为打磨去的痕迹。其中一件青铜匜器底铭文有明显三道打磨出的凹槽；一件甬钟则在侧鼓、钲部均有打磨痕迹，并且这两件青铜器被打磨处还残留字笔画的痕迹[3]。这可能因为该墓有一批青铜器是通过掠夺所得，反映当时社会动荡，可能发生了国与国之间的战争或是一个国家内部的动乱。再从二号墓未完工分析，当时应发生了某种突发的政治及军事事件。因此，墓主人的确定还要通过对春秋时期历史事件的分析与解读、考古学文化的综合分析与研究、青铜器及铭文的特征等细节入手，进行进一步思考。

从制作技术上看，一号墓出土 1 件分铸技术的青铜戈及 1 件采用包金技术并镶嵌了绿松石的青铜饰件[4]。前者已残，直内，近长条形援，略有中脊，有侧阑，内近长方形，有长条形穿，援本有半月形和长条形穿。重要的是，其援是由两部分分铸而成。援体为青铜，其上下两侧及前锋应为铁。后者用一弧形弯曲青铜制成，表面包金并有多处脱落痕迹。器物顶端铸成象首形，长鼻，圆眼，双曲眉，头顶有一对"S"形的角。器体周身刻出浅槽，内镶嵌绿松石片，嘴亦镶嵌一圆形绿松石。此两件器物器制作工艺复杂，青铜饰件装饰华丽而精美，代表当时较为先进的铸造制作工艺。值得一提的是，一号墓棺内出土了大量未完工的玉器，主要是纹饰没刻完，有的器物还残留切割痕迹，另外，还有一件玉料，只制成粗坯。这些器物为我们研究古代制玉工艺和流程提供了可靠的线索。

从文化因素方面来看，纪王崮春秋墓不仅在结构等方面具有自身的特色和地域特点，其出土器物的文化因素也非常复杂。一类具有中原地区的特点，如浅半球状腹立耳鼎、附耳圈足盘、编钟等；另一类是地方型的，如平盖鼎、耸肩高裆鬲、贯耳圆壶、瓠壶、双半环耳衔环素面铜盘、浴缶、子母口敦等。典型器物组合上，使用的是以鼎，甚至以鼎、鬲为核心的用器制度。流行使用形制相同、大小相次、奇数组合的鼎制，这与中原、鲁南有明显的区别。同时，器物组合中少见豆，与鲁北、鲁东又有显著的差异[5]。纪王崮与沂水刘家店子、莒南大店、临沂凤凰岭等墓葬，均属鲁东南地区的大墓，无论从墓葬结构、出土器物上都具有自己独特的风格，青铜器亦具有浓重的鲁东南风格。

纪王崮春秋墓不但具有显著的本地地域文化特征，还存在较强的对外联系。该地区出土的青铜器不但在鲁东南流行，有的在淮河甚至江汉流域也有发现，有的甚至起源于淮河和江汉流域。例如，平盖鼎亦流行于淮河，在江汉平原也有散布。耸肩高裆鬲主要在两个地区发现，分布于莒地范围内的曾被称为"莒式鬲"，分布于淮河流域的又曾被称为"淮式鬲"[6]。铜浴缶更是楚系青铜礼器的重要组成部分[7]。从有铭文的青铜器来看，鲁东南地区莒地范围内还出土淮河甚至江汉流域的青铜器。例如，纪王崮出土江国青铜器，刘家店子出土黄国、陈国青铜器[8]等。据粗略统计，该区域内曾出土陈、徐、吴、越、樊、黄、邛、楚等国青铜器，这些国家大多位于江淮流域。这说明鲁东南地区和江淮地区甚至楚国的腹心地区在周代存在较为密切的联系。

总之，纪王崮春秋墓规模较大、规格较高、结构特殊、出土遗物丰富，是山东近几年来东周考古最重要的发现之一。其墓室与车马坑共凿建于一个岩穴中，是一种全新的埋葬类型，丰富了我们对东周贵族埋葬制度的认识。墓葬内出土了大量的青铜礼、乐、兵、车马器及玉器等重要文物，对该区域考古学文化的研究具有重要的学术价值和意义。现为了更好地加强崮上历史文化遗迹的保护，纪王崮墓群已被山东省人民政府公布为山东省第四批省级文物保护单位，崮上墓葬所体现的价值逐渐被人们认识并发挥越来越重要的作用。

注 释

[1] 山东省文物考古研究所、临沂市文物考古队、沂水县博物馆：《沂水县纪王崮一号春秋墓及车马坑》，《海岱考古》(第六辑)，科学出版社，2013年；又：《山东沂水县纪王崮春秋墓》，《考古》2013年第7期。

[2] 方辉：《华孟子鼎铭小议》，《中国文物报》2012年9月14日；林沄：《华孟子鼎等两器部分铭文重释》，《吉林大学古籍研究所建所三十周年纪念论文集》，上海古籍出版社，2014年；钟红丹：《纪王崮墓葬国族问题小议》，《绵阳师范学院学报》第35卷第1期等。

[3] 蔡友振、吴双成、郝导华、尹纪亮、耿涛：《山东沂水县纪王崮春秋墓出土青铜器微观观察》，《全国第十三届考古与文物保护化学学术研讨会论文集——文物保护研究成果集萃》，时代出版传媒股份有限公司安徽科学技术出版社，2015年。

[4] 原报道为黄铜饰件，今经科学检测分析，应为包金青铜。

[5] 毕经纬：《海岱地区出土东周铜容器研究》，《考古学报》2012年第4期。

[6] 禚柏红：《莒文化研究》，《东方考古》(第6集)，科学出版社，2009年。

[7] 路国权：《东周青铜容器谱系研究》，北京大学博士研究生学位论文，2014年。

[8] 山东省文物考古研究所、沂水县文物管理站：《山东沂水刘家店子春秋墓发掘简报》，《文物》1984年第9期。

铜 器

———

铜器主要有容器、乐器、兵器、车马器、工具及饰件。容器有鼎、鬲、甗、敦、铺、贯耳壶、瓠壶、罍、铺、罐、盂、浴缶、盘、匜、匕等，主要放置于南、北器物箱，车马坑与殉人坑也有少量出土。值得一提的是，南器物箱出土的铜容器多为一套7件，大小、形制基本一致而略有区别，分别为鼎、鬲、铺、浴缶、匕；小鼎与敦则分别为一套5件和一套3件。除成套的鼎外，北器物箱还出土大型的附耳垂腹鼎和球腹鼎各1件，车马坑亦出土1件半球形腹铜鼎。

乐器有铙、甬钟、钮钟、镈和錞于，甬钟与钮钟一套9件，镈一套4件，錞于一套2件。均出土于北器物箱。

兵器有戈、鉈、矛、剑、镞等，主要分布于北器物箱与车马坑。

车马器有车軎、马镳、马衔、节约、衡饰、带扣、环、串珠、合页、泡等，主要放置于车马坑。

工具仅发现3件凿，皆出土于北器物箱。

饰件2件，均发现于北器物箱。其中1件不仅采用了包金技术，而且还镶嵌了绿松石。

容器

容器有鼎、鬲、甗、敦、铆、贯耳壶、瓠壶、罍、铺、罐、盂、浴缶、盘、匜、匕等，主要放置于南、北器物箱，车马坑与殉人坑也有少量出土。

内壁铭文

1　铜鼎　M1∶52

通高59.5、口径55.5厘米

盖微隆，盖面中部有一桥状钮，盖两侧内凹呈"山"形以与鼎耳相扣接，另两侧有对称的不规则形鍪。平折沿，方唇，鼓腹微垂，大圜底，立耳外撇，粗壮蹄足。上周饰六个扉棱及两周窃曲纹，足根部饰兽首，耳外侧饰吐舌龙纹。腹内壁铭文为"华孟子作中段氏妇中子媵宝鼎，其眉寿万年无疆，子=孙=保用享"。

器盖

足部

足部

鼎耳及腹部纹饰

腹部纹饰

底部

2　铜鼎　K1：3

通高26.8、口径30.8厘米

平折沿，圆腹微鼓，圜底，立耳外撇，三蹄形足，足内侧皆有一道纵向凹槽。口沿下饰一周窃曲纹，蹄足根部饰兽首。底及腹部有烟炱痕迹。

3 铜鼎　M1 : 115、121、127～129、131、132

通高27.5～29.1、口径26.2～29.2厘米

南器物箱出土7件，大小、形制基本一致。均平顶盖，盖面中部有一桥状钮，周围均匀分布三个矩形钮。子口，鼓腹，大圜底，附耳，三蹄形足。矩形钮外及附耳外饰点线纹。M1 : 115、127～129、132盖顶饰变形云雷纹，上腹饰蟠螭纹；M1 : 121盖顶及盖外缘饰蟠螭纹，上腹饰蟠螭纹；M1 : 131盖顶及上腹饰较细的几何化蟠螭纹。

M1 : 127　　　　　　　　　　M1 : 128　　　　　　M1 : 12

M1 : 115　　　　　　　　　　　　　M1 : 121

M1 : 131　　　　　　　　　　　　　M1 : 132

M1：128附耳

M1：128器盖

M1：131腹部纹饰

M1：128底部

附耳

4 铜鼎 M1：871

通高31.9、口径15.9厘米

平顶盖，盖顶均匀分布三个矩形钮。
子口，圆肩，球形腹，圜底，附耳，
蹄形足。耳外侧饰点线纹，腹饰三周
凸弦纹及一周双阴线窃曲纹。

M1：102　　　　　　　　　　M1：116　　　　　　　　　　M1：124

5　小铜鼎　M1：102、116、124、130、142

通高11.2～12.4、口径13～13.8厘米

南器物箱出土5件，大小、形制基本一致，但略有差别。
除M1：142为平顶盖外，皆为平板盖，盖面中部有一桥
状钮，M1：102、124、130、142盖两侧内凹呈"山"形
以与鼎耳相扣接。平折沿，方唇，圆腹，圜底，附耳近
直（M1：116）或立耳稍外撇（M1：102、124、130、
142），三蹄形足。M1：102、116、124、130盖面、上腹
饰一周吐舌龙纹或龙纹，M1：116、130耳外侧亦饰吐舌龙
纹，M1：142盖面饰一周吐舌龙纹，上腹、耳外侧饰较细
蟠螭纹，M1：130足根饰中间带扉棱的兽面纹。

M1：130   M1：142

M1：142腹部纹饰

M1：130足部

M1：142器盖

M1：142耳部纹饰

腹部纹饰

6 铜鬲 K1：1

高19.2、口径19.6厘米

斜折沿，口沿下有一对称的近环形竖
耳，耸肩，弧裆。肩部饰曲龙纹。底
及三足有明显的烟炱痕迹。

7 铜鬲 M1：110、111、114、118、120、123、126

通高13.6～15.9、口径14.1～15.7厘米

南器物箱出土7件，大小、形制基本一致，但略有差别。平顶盖，盖面中部有一桥状钮。折沿稍斜或斜折沿，方唇，耸肩，弧裆。M1：110盖面饰云雷纹；M1：111、118、120、123盖面饰云雷纹，肩部饰吐舌龙纹；M1：114肩部饰吐舌龙纹；M1：126盖面内圈饰一动物纹，向外依次为绚纹、变形龙纹、三角形垂叶纹，肩部饰吐舌龙纹。

M1：110

M1：118   M1：120

M1：111   M1：114

M1：123   M1：126

M1∶110

M1∶111

M1 : 114

M1：126

M1∶126盖面纹饰
内圈饰一动物纹，向外依次为绹
纹、变形龙纹、三角形垂叶纹。

M1：111腹部纹饰

M1：118腹部纹饰

M1：123腹部纹饰

M1：126腹部纹饰

8   铜甗   M1：48

通高40.7厘米、甑口径27.9、底径12.3、高22.8厘米
鬲高20.2、口径14.5厘米

甑、鬲分体。甑折沿稍斜，方唇，长颈，颈部有一附
耳，鼓腹，底有长条向心形箅孔，底以下呈管状以与
鬲凹槽相扣合。颈部饰两周垂鳞纹，腹上部饰一周凸
棱、附耳外侧饰鳞纹。鬲平折沿，方唇，矮束颈，斜
耳，圆肩，鼓腹，弧裆，蹄形足。素面。

附耳

鬲俯视

甗底部

足部

9 铜敦 K1：2

通高19.3、口径23.2、底径13.5厘米

子母口，圆腹，器略大于器盖，沿下及盖两侧各饰一对称环耳。素面。

M1：134   M1：135

10 铜敦 M1：134、135、137

通高19.2～20.4、口径25.6～25.9、
底径13.6～14.2厘米

南器物箱出土3件，大小、形制基本一
致。子母口，圆腹，器略大于器盖，沿下
及盖两侧各饰一对称环耳。素面。

M1：137

器盖

腹部纹饰

11 铜钘   M1：45

通高10.9厘米，口长径15.3、短径11厘米
底长径8.3、短径5.9厘米

器作长椭圆形，盖微隆，盖面中部有一环
钮。小侈口，卷沿，尖圆唇，鼓腹，腹侧有
一环耳，平底。盖及上腹饰较细的蟠螭纹。

腹部纹饰

12 铜铈盉 M1：47

通高11.6厘米，口长径16、短径11.1厘米
底长径9.7、短径6.5厘米

器作长椭圆形，盖微隆，盖面中部有一环
钮。小侈口，卷沿，尖圆唇，鼓腹，腹侧有
一环耳，平底。盖及上腹饰较细的蟠螭纹。

腹部纹饰

13 铜铘 M1：151

高8.1厘米，口长径17.5、短径12.1厘米
底长径10.1、短径6.3厘米

器作长椭圆形，小侈口，卷沿，尖圆唇，鼓腹，腹部有对称的环钮，平底。上腹饰较细的蟠螭纹。

器盖

14 铜贯耳圆壶 M1：42

通高38.5、口径14、足径15厘米

平盖，盖中间有一双头蛇形半环形
钮，两侧有兽首绚纹衔环。小口微
敛，颈略束，颈两侧各有一贯耳，圆
腹，矮圈足，腹最大径偏下。盖面、
颈部及上腹饰蟠螭纹；近腹中部饰垂
叶纹，内填散螭纹；贯耳整体呈兽首
形，两侧为立兽，上有两对称相交的
蛇纹，圈足外凸并饰绚纹。

贯耳圆壶

腹部纹饰

贯耳

15　铜瓠壶　M1 : 50

通高36.8、足径8.8厘米

直口，上有一盖，盖面有直口嘴、半环钮、小圆孔，三者成一条直线分布，沿下有一对对称的圆孔，一侧有一提梁，提梁通过两半环形钮与器体连接，提梁两端呈兽首衔环状，鼓腹，平底，矮圈足。素面。

腹部蛇身竖钮

16 铜罍 M1:30

通高46.1、口径21.2、足径17.6厘米

弧形盖，盖面中部有一梯形桥状钮。侈口、卷沿、方唇、束颈、圆肩、鼓腹，肩腹转折明显，肩及腹上部有两对称的有角兽首绹纹衔环，正面正中有一蛇，蛇身弯曲成竖钮，矮圈足外凸。肩部饰六个涡纹，腹下面蛇身及圈足满饰圆圈状变形鳞纹。

有角兽首绹纹衔环

肩部涡纹

17 铜铺 M1：101、103～108

通高32.9～33.8、口径23.9～26.1、足径
18.5～22.5厘米

南器物箱出土7件，大小、形制基本一致。半球
形盖，盖顶有八花瓣形捉钮，盖面四周均匀分
布四个扉棱。浅平盘，斜折沿，方唇，直壁，
平底，喇叭形圈足。盖顶及盖面分别有两周绹
纹凸棱，花瓣、扉棱及圈足饰镂空蟠螭纹，盖
顶、盖壁、盘壁两周绹纹凸棱之间及圈足宽凸
棱上皆饰蟠螭纹。圈足上下各有绹纹凸棱，中
间有一较宽凸棱。

M1：101

M1：105   M1：106

M1：103   M1：104

M1：107   M1：108

M1：104

M1：104器盖

M1：104扉棱

M1：104器盖

M1：104圈足

M1：105扉棱

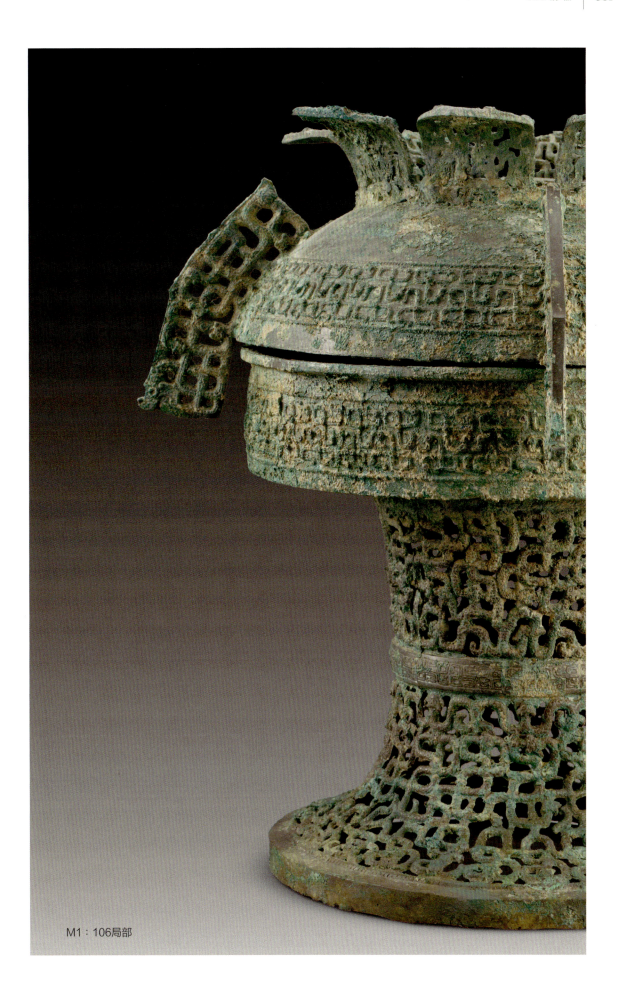

M1：106局部

M1：107

M1：107器盖

M1：107局部

器盖

腹部纹饰

18　铜罐　M1∶43

通高8.2、口径5.4、底径4.2厘米

平顶盖，盖面中部有一环钮，两侧有对称的竖耳。近直口，圆肩，肩部有对称的竖耳与盖耳相扣接，鼓腹，平底。盖面饰一周蟠虺纹；器肩部饰三角纹，上腹饰蟠虺纹，下腹饰横向鳞纹。

内壁铭文

19 铜盂 M1：53

通高30.5、口径61.2、底径25.8厘米

侈口，折沿，方唇，沿面外缘外凸，束颈，颈下均匀分布四个兽首衔环耳，收腹，平底。颈部饰吐舌龙纹，腹上部饰三周勾连蟠螭纹，腹下部饰一周"S"形吐舌龙纹，衔环饰变形蝉纹。腹内壁铭文为"惟王正月初吉丁亥，邳白厚之孙鼄君季㝅自作滥盂，用祀用飨，其眉寿无疆，子=孙=永宝是尚"。

盂

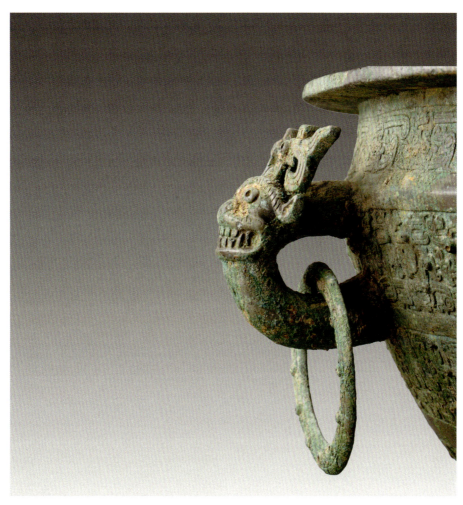

兽首衔环耳

腹部纹饰

M1：133

M1：136

20 铜浴缶 M1：133、136、138～141、143

通高33.9～37.1、口径21.5～23.2厘米
底径17.6～18.8厘米

南器物箱出土7件，大小、形制基本一致。盖近半球形，盖顶有三或四瓣花瓣形捉钮，每瓣花瓣或有近方形孔或梯形及不规则形孔。近平折沿或斜折沿，方唇，斜束颈，圆肩，鼓腹，上腹有对称分布的竖形耳，平底内凹。盖每瓣花瓣边缘有绹纹凸棱，每耳有四或五周绹纹凸棱，上腹及盖各有五周绹纹凸棱，盖及上腹两周凸棱之间饰蟠螭纹。

M1：140

M1 : 138   M1 : 139

M1 : 141   M1 : 143

M1 : 138

M1：133腹部纹饰

M1：138器盖之花瓣形捉钮

附耳外侧

附耳内侧

21 铜盘　M1：874

通高9.7、口径37.1、足径23.8厘米

平沿，方唇，浅腹，附耳，高圈足，口
沿与附耳之间各有两个断面为圆形的横
梁。盘外壁饰顾龙纹，圈足饰细长窃曲
纹；耳内外两侧的上部饰窃曲纹，两侧
饰变形蝉纹。

半环形兽首耳

22　铜盘　M1∶51

高6.6、口径48.1、足径33.7厘米

近直口微敛，方唇，沿下两侧有对称的
半环形兽首耳，耳下各有一绹纹圆环，
浅腹，矮圈足。素面。

腹部纹饰

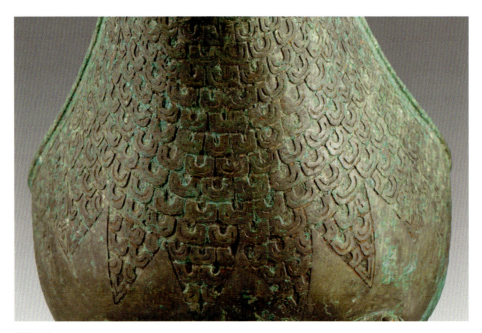

流下纹饰

23 铜匜 M1：44

通高20.4、通长31.8、宽17.5、流宽6.2厘米

俯视近椭圆形，口微敛，腹微鼓，圜底近平，
兽首蹄足，近筒状曲流，匜尾部饰一扇形鋬，
鋬下一近方形钮。口沿及鋬上面饰龙纹及鸟
纹，流下饰垂鳞纹，腹部饰倒三角纹，内填鸟
纹及龙纹，流下三角纹内填垂鳞纹。

M1：109

M1：112

M1：119

24 铜匕 M1：109、112、113、117、119、122、125

通长19.2～21.2、柄长10.9～13.1、匕首端长8.1～8.6厘米

南器物箱出土7件，大小、形制基本一致。匕首呈椭圆形，曲柄，后端平，呈梯形。素面。

M1：113   M1：117

M1：122   M1：125

乐器

乐器有铙、甬钟、钮钟、镈和錞于，甬钟与钮钟一套9件，镈一套4件，錞于一套2件。均出土于北器物箱。甬钟、钮钟、镈皆呈合瓦形，铣间为弧形，钲部有枚。錞于圜首，顶部有绹纹环钮。

0 _____ 5厘米

口部边缘纹饰拓片

25 铜铙 M1：3

通高21.6、甬长7、铣间17、鼓间11.7厘米
舞修11.5、舞广7.6厘米

甬中有一近圆形穿，铙体较短扁，弧形口较阔。口部边缘饰一周云雷纹。

M1:5

M1:8

M1:11

26 铜甬钟 M1:4、5、7~9、11、13~15

通高32.1~58.6、甬高11.2~19.5厘米
舞修12.7~26.4、舞广11.2~20.3厘米
鼓间10.5~21.6、铣间16.5~32.5厘米

一套9件，形制相同，大小递减。钟体呈合瓦形，
上窄下宽，两侧近直，铣间为弧形。甬呈柱形，
上细下粗，有旋，斡上下两侧呈直线，另一侧呈
弧线，正视为长方形。舞部平，饰卷曲的对称龙
纹。钲部有枚3层，每层每面6枚，整个甬钟共有
36枚。篆部饰龙纹，正鼓部亦饰龙纹。有的甬钟
内部下缘多处留有弧形凹槽。

| M1：4 | M1：13 | M1：9 |

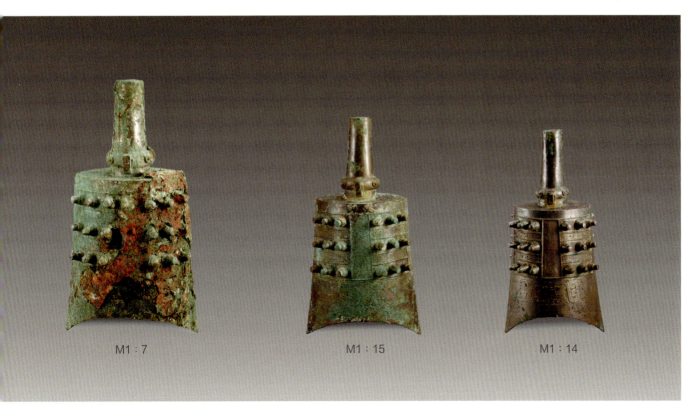

| M1：7 | M1：15 | M1：14 |

M1铜甬钟、镈于及镈出土情况

M1：13下缘处弧形凹槽

M1 : 13

M1：14钲部、篆部

M1：14舞部

M1：14

M1：20   M1：22

M1：25

27   铜钮钟   M1：20～28

通高13.1～24.3、钮高2.7～4.4厘米
舞修6～10.5、舞广5.1～9.8厘米
鼓间5.5～10.5、铣间7.4～12.5厘米

一套9件，形制相同，大小递减。钟体呈
合瓦形，上窄下宽，两侧微向外鼓，铣间
为弧形。钮为长方形，中间有长方形孔。
舞部平，无纹饰。钲部有枚3层，每层每
面4枚，整个钮钟共有24枚。篆部饰重环
纹，鼓部饰龙纹。钟的内部下缘处皆留有
弧形凹槽。

M1：21   M1：23   M1：24

M1：26   M1：27   M1：28

M1：17

M1：18

28　铜镈　M1：16～19

通高42.5～51、钮高8.1～10.5厘米
舞修25.4～30.8、舞广19.7～25.2厘米
鼓间21.9～29.5、铣间30.2～38.6厘米

一套4件，形制相同，大小递减。镈体呈
合瓦形，上窄下宽，两侧微向外鼓，铣间
为弧形。钮为桥形，中间有桥形孔。舞部
平，共8组纹饰，每组皆饰龙纹和鸟纹。钲
部有枚3层，每层每面6枚，整个镈共有36
枚。篆部饰龙纹，正鼓部亦饰龙纹。

M1：16 M1：19

M1 : 19

M1：19钮部纹饰

M1：19舞部

M1：1

29　铜錞于　M1：1、2

通高40.2～40.4、下口长19.8～20.6厘米
宽16.3～16.6厘米

2件，形制相同，大小相近。圜首，顶部有绹
纹环钮，平口外撇呈椭圆形，圆肩，无盘，
束腰。腰部有一宽条带装饰。

M1 : 2

兵器

兵器有戈、觚、矛、剑、镞等。主要分布于北器物箱
与车马坑。戈不仅有三角形援者，亦有窄长援者。另外，
发现一件援部由两部分分铸而成，援体为青铜，其上
下两侧及前锋为铁。剑主要为圆茎剑，有的还保留剑
璏和剑珌。镞身多作三角形，双翼后伸甚长，有锥状
长铤。

铜戈（M1∶55）出土情况

30　铜戈　M1：55

通长31.3、残宽15.8、内长10.2、内宽5.1厘米

援本及上下阑残。援呈三角形，前锋锐尖，略有中脊，上下有两面边刃，内呈长条形而缺角，内有圆形穿，援本及内前部共有三穿。内饰双勾阴线纹。

31　铜戈　M1：66

通长23.4、通宽11.6厘米

援、内、阑皆残。窄长援，援中腰略
细，三角形锋，长胡，内呈长方形，
上下皆有边刃。

32　铜戈　M1：67

残长26.8、残宽11.2、内长7.4、内宽3厘米

锋、内及下阑残。窄长援，援中腰略细，三角
形锋，锋与援身相接处成二折角，长胡，援本
有一半月形穿，胡有三长条形穿，有下阑和侧
阑，内呈长方形，中有长条形穿。

33 铜戈 M1∶65

残长20.4、残宽9.3、内残长7.6、内宽3.3厘米

援及上下阑残。窄长援，长胡，援本有一半圆形穿，胡有一条形穿，内呈长方形，中有一长条形穿，下角作一缺角。内饰双阴线纹。援由两部分组成，芯为青铜，外围为铁质，由青铜与铁分铸制成。

34　铜钜　K1 : 33

长19.5厘米

弯月形，尖锋，有脊，刃内弧，有齿，弓背，后端作半筒形，其前有两穿。

35　铜矛　K1 : 34

通长12.1、骹残长4.8、銎口径1.8厘米

近筒状长骹，柳叶形叶，叶底圆转，脊凸出，器身横截面近菱形。

铜剑（M1：68）出土情况

象牙瑹

36　铜剑　M1：68

残长46.8、宽5.5厘米

圆柱起台式剑首，剑首中空，正面有两周凹槽，实心圆茎上下等粗，横断面呈菱形窄格，长剑身，横截面近菱形，前部内收明显。剑表面残留剑鞘丝绳及象牙璏和瑹。璏为长方形，侧面饰交错三角纹，其他各面饰吐舌龙纹；瑹正视近梯形，横断面呈梭形，表面饰吐舌龙纹。

剑表面残留的剑鞘丝绳

37   铜镞   M1：74

长10.4、宽1.6、铤长4.6厘米

M1出土若干，多数已残，形制一致，大小相若。镞身作三角形，双刃作弧线收成前锋，脊透出本，双翼后伸甚长而超过脊。锥状长铤，镞身后侧双面两翼平直内凹，利于放血。

38   铜镞   K1：19

长10.7、宽1.8、铤长4.6厘米

K1出土21件，多数已残，形制一致，大小相若。镞身作三角形，双刃作弧线收成前锋，脊透出本，双翼后伸甚长超过脊。锥状长铤，镞身后侧双面两翼平直内凹，利于放血。

39 铜镦 M1：6

高21.8、上径4、下径4.8厘米

整体呈筒状，上细下粗。器身有两周凸棱，上、下部饰窃曲纹，中部饰重环纹，上端饰旋转弧线纹。

车马器

车马器有车軎、马镳、马衔、节约、衡饰、带扣、环、串珠、合页、泡等，主要放置于车马坑。軎口均起薄台呈喇叭形，条形辖，軎后段呈管状或呈十二棱状。节约有两种，一种呈"十"字正方形，一种呈"八"字形。

40 铜车軎 K1：4

軎口外径7.9、通长4.3厘米
辖首孔长2.1、宽1.3厘米
辖尾孔长2.1、宽1.2厘米

軎口起薄台呈喇叭形，后段管状，近末端有绹纹凸棱一周，条形辖已残，辖首有一方形穿，辖中段有长方形孔，孔间有一圆柱。軎口外缘饰变形蝉纹与云纹，軎口外侧饰虎纹与蛇纹，軎身前段饰吐舌龙纹，軎身后段饰几何纹，末端饰燕尾纹。

41　铜车軎　K1∶5

軎口外径8.9、通长8.5厘米
辖首孔长3、宽1.4厘米
辖尾孔长2、宽1.3厘米

軎口起薄台呈喇叭形，軎身呈十二棱
状，中段有细凸棱两周，軎前端两侧
各有对称的近圆形穿两个。条形辖，
辖首与辖尾各有一圆形穿，与軎两侧
圆穿相合。

42 铜车軎 K1：10

軎口外径9.3、通长8.1厘米
辖首孔长2.8、宽2.1厘米
辖尾孔长2.1、宽0.9厘米

軎口起薄台呈喇叭形，軎身呈十二棱
状，中段有绹纹凸棱一周，軎前端两侧
各有对称的圆形穿两个。条形辖，辖首
与辖尾各有一近圆形穿，与軎两侧圆穿
相合。辖首饰兽面纹，軎口外侧及軎身
前段饰蟠螭纹。

43   铜车軎   K1:90

軎口外径8.7、通长8.4厘米
辖首孔长3、宽2.9厘米
辖尾孔长1.8、宽0.9厘米

軎口起薄台呈喇叭形，軎身呈十二棱状，中段有凸弦纹两周，軎前端两侧各有对称的近圆形穿两个。条形辖，辖首与辖尾各有一近圆形穿，与軎两侧圆穿相合。辖首、辖尾与軎身纹饰相接，浑然天成，辖首处饰兽面纹，其两侧对称饰有一螭纹，辖尾处上方亦饰螭纹，两侧对称饰有双角兽纹，軎口外侧及軎身前段亦饰蟠螭纹。

44　铜马镳　K1：39

长20.3、残长18.6厘米

镳内侧较平直，与衔相交处有两个半圆形穿，一端呈蛇头形，另一端呈蛇尾形。

45　铜马镳　K1：52

残长19.1、19厘米

镳内侧较平直，与衔相交处有两个半圆形穿。

46　铜马衔　K1：38

通长27.4厘米

由两段套接而成，每段均有两环，一环呈椭圆形，另一环为一端尖角的椭圆形。

47　铜节约　K1∶74

残长2.5、残宽2.4厘米

器呈"十"字正方形。四个侧面皆有椭圆形孔,背面正中有一方形孔。正面饰兽面纹。

48　铜节约　K1∶86

长2.6、宽2.7厘米

器呈"八"字形。上下两侧均有椭圆形双孔,背部正中有一长方形孔。正面饰兽面纹。

49 铜衡饰 K1∶62

长5.2、宽3.5厘米

正面呈兽面形，背面内凹，有一桥形绚索状钮。

50 铜衡饰 K1∶65

长5、宽3.5厘米

正面呈兽面形，背面内凹，有两桥形绚索状钮。

K1∶55　　　　　　　　　　　　　　　K1∶60

51　铜带扣　K1∶55、60

长4.1～4.4、宽3.75～4.2厘米

带扣一边呈直线，另三边呈桥形。

52　铜环　K1∶57

外径4、内径2.9厘米

断面呈圆形。

53 铜串珠 K1∶82

外径1、内径0.7厘米

大小基本一致。

54 铜泡 K1∶17

直径3.1、穿径2.2厘米

正面隆起，背部内凹并有一穿。正面饰变形云雷纹。

55 铜合页 K1：11

上页长2.8、宽1.4厘米，下页长
4、宽3.5厘米

上页较短，呈长方形，内有长椭圆形
孔；下页较宽较长，呈圆角长方形。下
页上下两片均饰对称的龙纹，龙首相合
形成兽面纹。转轴饰团龙纹。

工具

工具仅发现 3 件凿，皆出土于北器物箱中，均呈长条形，后端有銎，凿体横截面呈长方形，单面刃。

铜凿出土情况

56 铜凿 M1：59

长11.2、宽2.9厘米

器呈长条状，器身四面较平直，刃部稍外弧，銎口呈长方形，凿体横截面呈长方形，单面刃。

57　铜凿　M1：60

长12.3、宽2.85厘米

器呈长条状，器身中部较窄，銎和刃稍宽，銎口呈长方形，凿体横截面呈长方形，单面刃。

58　铜凿　M1：61

长10、宽3厘米

器呈长条状，器身四面较平直，上下基本同宽，銎口呈长方形，銎口外侧有一周箍，凿体横截面呈长方形。单面刃较平直。

饰件

饰件2件，均发现于北器物箱，其中一件完整（M1：72），一件只残有上端（M1：64）。M1：64不仅采用了包金技术，而且还镶嵌了绿松石。

59 铜饰件 M1：64

高1.8、径0.8、底径1.2厘米

用一弧形弯曲青铜制成，外层包金。顶端铸成象首形，长鼻，圆眼，双曲眉，头顶有一对"S"形的角。器体周身刻出浅槽，内填绿松石片，嘴亦填一圆形绿松石。底部锈饰较重，此器制作精美。

60 铜饰件 M1：72

通高2.15、长5.8、宽5.1厘米

上端作烟斗状，细头粗尾，中空，另一端作页片状，呈长方形，两直角，另两角为弧角。

［贰］
玉 器

————

　　玉器有戈、琮、人、虎形佩、柱形饰、兽、牛首形饰、玦、觿、管、鸟形饰、璜、虎形饰、环、珩、牌饰、龟甲形饰、玉粒及玉料等。多发现于棺内，个别出土于北器物箱。玉戈3件，其中一件内雕镂成龙首形。玉琮2件，皆呈矮方柱体，外方内圆，其中一件器体较薄，透明度好，器表四面饰双勾阴线虺龙纹。玉人1件，器片状，雕镂成蜷曲人身，其胸部及身后各雕出一龙，为人龙合体。虎形玉佩呈片状，镂雕成虎形，周边琢有扉牙，正背两面饰双勾阴线虺龙纹。柱形玉饰略呈不规则的长条形，一端呈鸟喙形，另一端呈兽首形，器表满饰双勾阴线虺龙纹。玉兽与牛首形饰分别雕成兽状和牛首状。玉玦形制多样，基本上可分为器体较薄者和较厚者两类，前者又分为扁平者和其中一面凸起者。玉觿一般体扁平，呈弧形，龙首位于器体的一端，另一端呈尖状，但有的器身伸展，有的却弯曲呈环形。鸟形玉饰整体呈长条状，前部雕镂成相背的两个鸟头，后部则雕镂成鱼尾状。玉璜体扁，有的呈半环形，有的若1/4环形。虎形玉饰器体雕镂成虎形，下琢有扉牙。玉牌饰器体扁平，形状多样，种类有梯形、柄形、长条形、长方形、不规则形等，表面多饰有双勾线虺龙纹。玉粒形状有长条形、瓜子形、斜刃石斧状等。玉料呈环形，有较大的缺口，器表有钻磨的痕迹。值得一提的是，棺内除出土这件玉料外，还有一部分玉器或者纹饰未雕刻完或者留有切割的痕迹，说明这部分玉器未能及时完工，而是草草下葬。

0   2厘米

61   玉戈   M1：54

长15.3、宽4.6厘米

表面呈红褐色，玉质较好。前锋锐
尖，略有中脊，上下有边刃，上下刃
皆呈弧形。内雕镂成龙首形，制作精
美，其前端钻有一孔，孔前有两穿。

玉戈（M1：163）出土情况

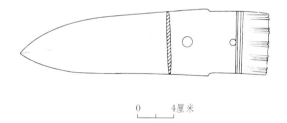

0 ⊢—⊣ 4厘米

62 玉戈 M1：163

长26.9、宽7厘米

黄褐色，玉质较好。前锋锐尖，略有
中脊，上下有边刃，下刃较直，上刃
呈弧形。援两面素面。有上下阑。内
呈长方形，中部有两条平列的竖线，
后端雕琢平行阳线纹五组，直到内末
端，使之更具有装饰性。内前部及援
末中部各有一圆穿。

63 玉戈 M1∶164

长24.6、宽6.4厘米

呈黄褐色，玉质较好。前锋锐尖有明
显的中脊和边刃，上刃呈弧形，下刃
较直。无上下阑。内前部及援末中部
各有一圆穿。

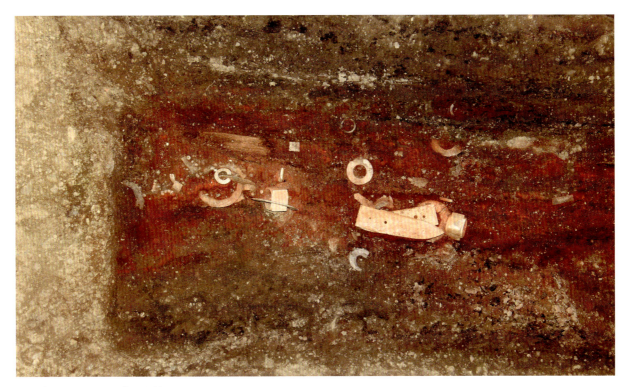

玉琮（M1：158、190）出土情况

64　玉琮　M1：158

高5.2、宽5.9厘米

青色，周边表面局部泛白及红褐色。
器体厚重。呈矮方柱体，外方内圆。
通体素面无纹。

65 玉琮 M1∶190

高5.2、宽8.1厘米

青色，表面泛白，受沁。器体较薄，
透明度好。呈矮方柱体，外方内圆。
器表四面均饰双勾阴线虺龙纹。射口
部有对称的圆孔以便穿缀。

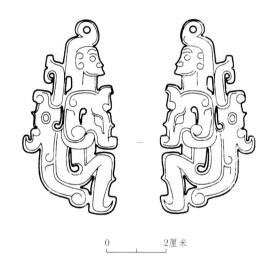

0　　　　　2厘米

66　玉人　M1：162

高6.4、宽3.1厘米

青色，颜色较纯，有大量白斑，通体
光滑。器片状，雕镂成蜷曲人身，细
眉、圆眼、宽鼻。其胸部雕出一龙，
龙蜷身吐舌。在人身后，亦饰一龙，
长尾后卷、圆眼、吐舌而分叉。人、
龙各饰卷云纹。此玉人为人龙合体，
形象奇异。

67 虎形玉佩 M1：193

长10.4、宽2.9厘米

青色，局部泛红褐色，表面有白斑，
通体光滑，玉质较好。器片状，镂雕
成虎形，周边琢有扉牙。正背两面饰
双勾阴线虺龙纹。在器体的上部和尾
部各钻有一孔，以备系佩。

68 虎形玉佩 M1：513

长10.2、宽2.7厘米

青色，局部泛红褐色，表面有白斑，通体光滑，玉质较好。器片状，镂雕成虎形，周边琢有扉牙。素面。在器体的上部和尾部各钻有一孔，以备系佩。

M1：165

69　柱形玉饰　M1：159、165

长8.3～8.4、宽1.4厘米

青色，局部呈片状泛白。略呈不规则的长条形，一端呈鸟喙形，另一端呈兽头形。器表满饰双勾阴线虺龙纹。两端各钻一孔，以便穿缀。

M1：159

70 玉兽 M1∶63

长4.5、后端径1.7厘米

用一段青色玉雕制而成。前端雕成兽首形，卷鼻，椭圆形眼外凸，小耳，卷角，眉毛弯曲，后端有空腔。耳后饰两周细凹弦纹。此器雕刻和制作都很精美。

71　牛首形玉饰　M1：514

长3.5、宽3.1厘米

青色，受沁较重，有白斑。器整体呈
牛首状。器表正面饰双勾线虺龙纹。
在器体中间及牛嘴部各钻一孔。

72　玉玦　M1：182

外径3.3、内径1.3厘米

青色，表面泛白并有白斑。呈环形，有
缺口。缺口的一端雕作凤鸟形，有冠，
另一端雕成龙首形，外缘琢有牙脊。素
面。背部琢有一孔，以便穿缀。

73 玉玦 M1：168

外径7、内径3.6厘米

青色，有白色和红褐色色斑，受沁。
呈环形，有缺口。缺口的一端雕成鹰
首形，另一端表面饰有云雷纹，周边
雕琢有牙脊。缺口两端及边缘处共钻
有三孔，便于穿缀。

0 ————————— 2厘米

74　玉玦　M1：192

外径5、内径2.7厘米

青色，有白斑，受沁。稍残。呈环形，有缺口。一面饰双勾阴线与单阴线虺龙纹，另一面凸起，素面。

75　玉玦　M1：325

外径1.2、内径1厘米

青色，表面有裂痕，稍受沁。器体较厚。呈环形，有缺口。缺口处有不规则的琢痕。外周饰双勾线虺龙纹。

76 玉玦 M1：339

外径4.4、内径3.4厘米

青色，表面有白斑和黄斑，受沁。器体较厚。呈环形，有缺口。外周饰双勾阴线虺龙纹。

0   2厘米

77 玉玦 M1：494

外径3.7、内径1.2厘米

青色，表面大片泛白，受沁严重。呈环形，有缺口。正面饰双勾阴线虺龙纹。

78　玉玦　M1：595

外径3.85、内径1.15厘米

青色，有白色和红褐色色斑，受沁。
呈环形，有缺口。一面饰双勾阴线虺
龙纹，另一面素面。

79　玉玦　M1：616

外径1.8、内径0.85厘米

青色，有白斑。一角残，器体较厚。
呈环形，有缺口。外周饰双勾线虺龙
纹，器一面饰双勾线弦纹。

80　玉觿　M1：171

长8.2厘米

青色，表面泛白并有白斑。体扁平，
弧形。龙首位于玉觿的一端，张口，
圆眼，靠近龙首附近的外缘琢成齿
边。器表两面均饰双勾阴线虺龙纹。
龙背上方钻有一孔，以备系佩。

81 玉觿 M1∶176

长7.4厘米

青色，表面泛白并有白斑。体扁平，
弧形。龙首位于玉觿的一端，张口，
圆眼，靠近龙首附近的外缘琢成齿
边。龙背上方钻有一孔，以备系佩。

82 玉觿 M1：179

长7.5厘米

青色，表面泛白并有白斑。体扁平，弧形。龙首位于玉觿的一端，张口，圆眼，靠近龙首附近的外缘琢成齿边。器表一面饰未完工的双勾阴线虺龙纹。龙首、龙背上方共钻有三孔，以备系佩。

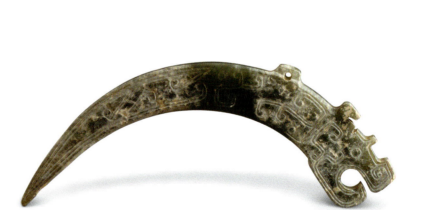

83 玉觿 M1：180

长8.3厘米

青色，表面泛白并有白斑。体扁平，弧形。龙首位于玉觿的一端，张口，圆眼，靠近龙首附近的外缘琢成齿边。器表两面均饰双勾阴线虺龙纹。龙背上方钻有一孔，以备系佩。

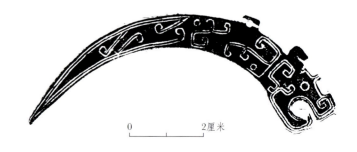

0　　　　2厘米

84　玉觿　M1：181

长2.9厘米

青色，表面泛白，有白色斑纹。体扁平，弯曲成近圆形，龙首位于玉觿的一端、张口，靠近龙首附近的外缘琢成齿边。素面。器身一孔，未能钻透。

M1：157

M1：156

85　玉管　M1：157、156

长1.3～1.9、横断面长径0.7～1.4厘米

短径0.8～0.9厘米

青玉，局部泛白。器表分别有两周或斜向两条一组的凹弦纹。内有一孔以供穿绳。

86 鸟形玉饰 M1：172

长8.3、宽2.4厘米

青色，表面泛黄，有白斑。体呈长条状，前部雕镂成相背的两个鸟头，后部则雕镂成鱼尾状。正面饰双勾阴线虺龙纹，纹饰精美。背面素面。器身对称钻有两孔，以备系佩。

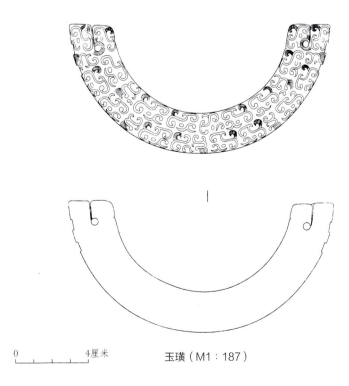

0   4厘米   玉璜（M1：187）

玉璜（M1：187）出土情况

87 玉璜 M1：187

通长14.3、宽2.1厘米

青色，局部有白斑，透明度好。体扁，若半环形。正面饰双勾阴线虺龙纹，纹饰雕刻精美。在器体的两端各琢一孔，以备系佩。

88 玉璜 M1：481

长17.4、宽2.7厘米

青色，局部有白斑，透明度好。体扁，若半环状。正面饰双勾阴线虺龙纹，背面有雕刻前起稿的痕迹。在器体的两端各琢三孔，一大两小，以备系佩。

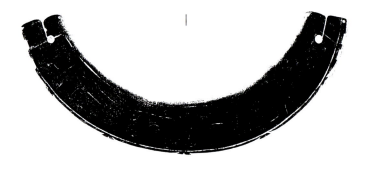

0　　　　4厘米

89 玉璜 M1：511

长24、宽2.3厘米

青色，受沁严重，局部有白斑。体扁，若半环形，两端均有扉牙。素面。在器体的两端各钻有一孔，以备系佩。

0 ⊢———⊣ 2厘米

90 玉璜 M1：512

长5.4、宽2.2厘米

青色，局部有白斑。体扁，两端雕镂
成龙首形。正面饰有双勾线虺龙纹。
在器体的两端各琢一孔，以备系佩。

91 玉璜 M1∶592

长6.4、宽1.1厘米

青色，受沁，表面有白斑。体扁，若
1/4环形。素面。在器体的两端各琢一
孔，以备系佩。

92 虎形玉饰 M1∶169

长6.3厘米

青色，局部泛黄。器体雕镂成虎形，
张口，卷尾。下琢有犀牙，象征足
部。素面。头尾部各钻有一孔，以备
系佩。

93　**虎形玉饰**　M1：170

长6.1厘米

青色，局部泛黄。器体雕镂成虎形，张口，卷尾。下琢有扉牙，象征足部。素面。头尾部各钻有一孔，以备系佩。

94　**虎形玉饰**　M1：409

长5.2厘米

青色，局部泛白，受沁较重。器体雕镂成虎形，张口，卷尾。下琢有扉牙，象征足部。素面。一扉牙处钻有一孔，以备系佩。

95 虎形玉饰 M1：830

长5.5厘米

青色，局部泛白，受沁较重。器体雕
镂成虎形，张口，卷尾。下琢有扉
牙，象征足部。素面。背部钻有一
孔，以备系佩。

M1：161

M1：166

M1：177

96 玉环 M1：161、166、177

外径8.1～13.1、内径4.1～6.65厘米

青色，有白色和红褐色色斑，受沁。器
呈环形。素面。

97 玉珩　M1：506

长5.2、宽1.6厘米

青色，受沁，局部泛白，通体光滑。
正面纹饰呈猪形。在器体的上部及两
端各钻有一孔，以备系佩。

98 玉珩　M1：736

长8.4厘米

青色，受沁，局部泛白，通体光滑。
两端雕镂成龙首形。在器体的上缘琢
成齿边。一面一端饰"S"形弦纹，另
一面素面。

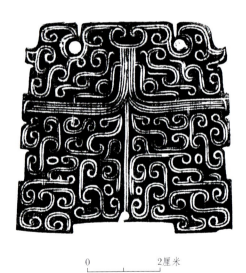

0 ———— 2厘米

99 玉牌饰 M1：49

长边5.9、短边4.6、宽5.3厘米

青色，受沁，局部有白斑。器体略呈
梯状，周边琢有牙脊，其中两边对
称。器表饰双勾线虺龙纹并用平行线
进行分隔。牌饰上端钻有两孔，下端
钻有一孔，以便系佩。

100　玉牌饰　M1：152

长6.55、宽2厘米

青色，表面有白斑。略呈长条形。正面饰双勾阴线虺龙纹，背面素面。

0　　　　　2厘米

101 **玉牌饰** M1∶153

长4.5、宽2厘米

青色，表面有白斑，受沁。呈亚腰长
条形。素面。为一未完工器。

102 **玉牌饰** M1∶155

长6.5、宽1.9厘米

青色，表面有白斑。略呈长条形。正
面饰双勾阴线虺龙纹，背面素面。一
端钻有一孔，以备系佩。

0　　　　　2厘米

103　玉牌饰　M1：167

长7.8、宽2.4厘米

青色中泛黄，受沁。略呈长条形，周边琢有牙脊，左右两边基本对称。正面饰双勾阴线虺龙纹，背面素面。头部钻有对称双孔，尾部钻有一小孔，以便系缀。

104　玉牌饰　M1：178

长6.7、宽2.5厘米

青玉，受沁严重，局部泛白。前部呈三角形，后部呈不规则的长方形，整体呈兽形。素面。器身共钻三孔以便穿缀。

105 玉牌饰 M1∶486

长4.8、宽3.27厘米

青色，有白斑和黄斑，受沁，为半成
品。略呈长方形，周边琢有牙脊。正
面饰双勾阴线虺龙纹，背面有切割打
磨痕迹。左右两侧对称各钻两小孔以
便系缀。

106 玉牌饰 M1∶510

长4.3、宽3.2厘米

青色，有白斑和黄斑，受沁。略呈长
方形，一边有一大孔，周边琢有牙
脊。正面饰双勾阴线虺龙纹，背面素
面。近四角处各钻一小孔以便系缀。

107 玉牌饰 M1∶591

上端长3.1、下端长3.2、宽2.8厘米

青色，有白斑和黄斑，受沁。略呈梯形，周边琢有牙脊。正面饰双勾阴线虺龙纹，背面素面。左右两侧对称各钻两小孔以便系缀。

108 玉牌饰 M1∶596

长4.7、宽3.24厘米

青色，有白斑和黄斑，受沁，略呈长方形，中部钻有一孔。周边琢有牙脊。正面饰双勾阴线虺龙纹，背面素面。左右两侧对称各钻两小孔以便系缀。

109 玉牌饰 M1：748

长4.7、宽3.2厘米

青色，有白斑和黄斑，受沁，为半成品。略呈长方形，近中间有一大孔，周边琢有牙脊。正面饰双勾阴线虺龙纹，背面有切割打磨痕迹。左右两侧对称各钻两小孔以便系缀。

110 龟甲形玉饰 M1：751

长1.8、宽1.43厘米

青色。雕刻成龟甲的形状。中有一孔。正面饰凹弦纹，背面素面。

M1：625 M1：697 M1：741 M1：771

111 玉粒 M1：625、697、741、771

长1～1.75厘米

制作成各种形状，有长条状、瓜子状、斜刃石斧状。M1：771中间琢有一孔。

112 玉料 M1：315

外径6.2、内径2.2厘米

青色，受沁，白斑较多。器体呈环形，有较大的缺口。器表有钻磨的痕迹。

［叁］

陶 器

———

共发现7件陶罐，修复5件。皆泥质红胎灰皮陶。有圈足碗式盖。罐均折沿，方圆唇，有颈，圆肩，收腹，平底。素面。

113　陶罐　M1：149

通高24.2、口径12.4、底径12.5厘米

泥质红胎灰皮陶。圈足碗式盖。折沿，方圆唇，有颈，圆肩，收腹，平底。素面。

114　陶罐　M1：150

通高21、口径11.4、底径12.4厘米

泥质红胎灰皮陶。圈足碗式盖。折沿，方圆唇，有颈，圆肩，收腹，平底。素面。

石 器

———

一号墓共出土10件石编磬，分布在北器物箱西部的南、北两侧，每侧5件，均石灰石质，形制基本相同，大小递减。

M1：40

M1：39

M1：35

M1：31

M1：32

115 石编磬 M1：31~40

通长12.5~49.2、高9.3~14.8厘米
鼓厚1.8~3、股厚1.7~3厘米

共10件，形制基本相同，大小递减。石
灰石质，呈灰色，受水沁。石磬上边
呈倨句状，鼓下边及股下边较低平。鼓
博、股博宽窄不等。素面。磨光。

M1：36

M1：38

M1：34

M1：33

M1：37

[伍]

其 他

———

　　北器物箱出土有象牙器，整体呈圆柱状。棺内发现一件绿松石饰，器体呈牛首状。车马坑内放置部分骨器，有的呈鸟形，是车马用具或饰件。

116 海贝 K1：37

长2.3、宽1.8厘米

三枚大小基本相同。内外两侧磨光。扁平，原缀于马具上作装饰用，与马衔、马镳同出。

117 骨饰 K1：89

长6、宽3.4厘米

整体呈鸟形。

118 象牙器 M1：58

直径3.4、高3.8厘米

白色，外表泛黄。整体呈圆柱状。

119 绿松石饰 M1：371

长1.3、宽1.1厘米

器体呈牛首状。上部钻有一大圆孔，中部钻有一小圆孔。

后　记

　　沂水纪王崮春秋墓葬的发掘工作源于偶然的施工发现，开始于 2012 年一号墓及车马坑的发掘，中间经过崮顶的调查、物探，至 2013 年二号墓的发掘结束，历时一年有余。由于其位于独特的崮顶之上，墓葬规模大，形制结构奇特，出土文物精美、组合特殊，文化因素复杂，墓葬及崮顶性质扑朔迷离而引起社会各界和学术界的广泛关注和热烈讨论。经过最近几年的努力，铜器修复工作已经结束，虽然在《考古》和《海岱考古》发表过简报，但由于整理工作正在进行中，发表均不全面，而报告的编写还要经过一段时间，因此，借铜器修复工作完成之际，把已经完成修复的铜器和部分精美的玉器等文物以图录形式出版，以满足公众的了解和学术界研究的需要。

　　本书序言由郑同修撰写，概述由郝导华撰写，器物描述由郝导华、李顺华、许姗、耿涛、尹纪亮共同完成。最后由郑同修进行统稿。文物出版社宋朝拍摄了器物照片。

　　参加纪王崮两座春秋墓及车马坑发掘的人员主要有任相宏、郑同修、刘延常、孙波、李振光、邱波、张子晓、刘志标、闫启新、李健、厉建梅、邱键、韩世海、张国良、李培毅、随树军、颜世全、孔繁刚、耿涛、尹纪亮、贾希锋、刘悦民、郭鸿志、秦博、王春富、高丽、马瑞娟、张德平、高瑞峰、高学莲、李胜利、李顺华、许姗、吕承佳、吕凯、石念吉、周宽超、刘新智、郝导华等人。参加现场文物保护与修复的人员主要有吴双成、蔡友振、高雷、张宪英、张勇、刘建国、张坤、王凯、刘胜、孙威、王铮、徐建、王亮亮等人。发掘期间，沂水县文化局、公安局等单位承担了辅助和安全保卫工作，同时，发掘工作得到了沂水县委、县政府，泉庄镇政府及天上王城景区等单位的大力支持与帮助。在编书期间，得到了郎剑锋、路国权及陈小三等老师的热情帮助。在此，向所有参与纪王崮墓葬工作的单位和个人表示衷心的感谢。

编　者